Die Wikinger

Jackie Gaff

W0402042

Copyright © Parragon

Entwurf und Realisation:

David West Children's Books
Layout: Julie Joubinaux, Rob Shone
Illustrationen: James Field, Mike Lacey (SGA)
Cartoons: Peter Wilks (SGA)
Redaktion: James Pickering

Alle Rechte vorbehalten. Die vollständige oder auszugsweise Speicherung, Vervielfältigung oder Übertragung dieses Werkes, ob elektronisch, mechanisch, durch Fotokopie oder Aufzeichnung, ist ohne vorherige Genehmigung des Rechteinhabers urheberrechtlich untersagt.

Copyright © für die deutsche Ausgabe

Parragon
Queen Street House
4 Queen Street
Bath BA1 1HE, UK

Übersetzung aus dem Englischen: Olaf Möller
Satz: trans texas GmbH, Köln
Koordination: trans texas GmbH, Köln

ISBN 1-40545-877-1

Printed in China

INHALT

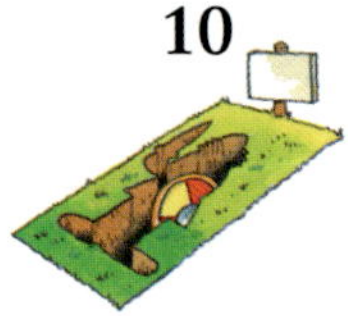

DIE WIKINGER KOMMEN!

AM 8. JUNI 793 landete ein Wikinger-Heer mit seinen Kriegsschiffen auf der kleinen, vor der Nordostküste Englands gelegenen Insel Lindisfarne. Die Wikinger überfielen ein Kloster, töteten die Mönche und stahlen ihre Schätze. Nach diesem ersten verbürgten Beutezug sollten die Wikinger noch für drei Jahrhunderte in weiten Teilen Europas Furcht und Schrecken verbreiten.

Im Ernst?!
Die Überfälle auf England endeten nach 1066, als Wilhelm der Eroberer von Frankreich aus die Insel unter normannische Herrschaft brachte. Die Normannen („Nord-Mannen") kamen von der nordfranzösischen Küste (heutige Normandie).

Tod und Zerstörung
Die Wikinger töteten auf Lindisfarne viele der dort lebenden Mönche mit dem Schwert oder durch Ertränken. Die Überlebenden verschleppten sie nach Skandinavien, wo sie als Sklaven verkauft wurden.

DIE WELT DER WIKINGER

Die Wikinger kamen aus dem Gebiet des heutigen Dänemark, Norwegen und Schweden. Auf ihren Beutezügen eroberten sie manches europäische Land, in anderen ließen sie sich friedlich nieder, mit vielen weiteren unterhielten sie Handelsbeziehungen.

Glaubst du das?
Die Wikinger plünderten Paris.

STIMMT. Nach vielen Überfällen waren die Franzosen so zermürbt, dass sie den Wikingern drei Tonnen Silber anboten, damit sie sie fortan in Ruhe ließen.

KÜHNE KÄMPFER

DER ANBLICK eines bis an die Zähne bewaffneten Wikingerkriegers ließ seine Feinde in der Schlacht vor Angst erstarren. Wikinger kämpften mit allen möglichen Waffen: von Pfeil und Bogen bis zu Streitäxten und Speeren – am liebsten aber mit ihren zweischneidigen Schwertern, mit denen sie auf die Arme und Beine ihrer Feinde einhackten.

Glaubst du das?
Wikinger trugen Helme mit Hörnern.
STIMMT NICHT. Ihre Helme waren aus Metall oder Leder. Sie hatten meist einen visierartigen Augen- und Nasenschutz, aber keine Hörner.

Gut geschützt
Die meisten Wikinger wappneten sich mit Rüstung und Holzschild. Die Reichen leisteten sich Kettenhemden, während einfache Krieger gepolsterte Jacken aus Leder trugen.

Im Ernst?!
Die wildesten Krieger kämpften wie Besessene: Man nannte sie Berserker. Ein kampfeswütiger Berserker rannte ohne Rüstung in die Schlacht, heulte wie ein Wolf und biss manchmal vor Raserei in seinen Schild!

DIE SCHÖNHEIT DES SCHWERTES
Jeder Wikinger musste für seine Rüstung und seine Waffen selber aufkommen – je reicher er war, desto besser war er ausgerüstet. Die Wohlhabenden leisteten sich aufwändig verzierte Schwerter ihrer besten Schmiede.

AUF HOHER SEE

DIE WIKINGER waren ausgezeichnete Seeleute und Schiffsbauer. Boote gab es in verschiedenen Größen und Formen: von kleinen Schaluppen, mit denen sie zum Fischen ausfuhren, bis hin zu hochseetüchtigen Segelschiffen. Am berühmtesten waren die Langschiffe, mit denen sie auf Eroberungsfahrt gingen.

Lang, schmal und schnell
Mit einer Länge von etwa 28 Metern war ein Langschiff nicht sehr viel größer als ein heutiger Schoner. Es hatte Platz für 50 Mann Besatzung. Angetrieben wurde es mit Rudern oder Segeln und mit einem großen Ruder am Heck gesteuert.

Glaubst du das?
Die Wikinger navigierten mit Hilfe eines Kompasses.
STIMMT NICHT. Ihren Kurs steckten sie nach dem Stand der Sonne und der Sterne ab.

LANGSCHIFF AUF KIEL
Langschiffe waren normalerweise aus Eiche, mit Kiel und Mast aus jeweils einem einzigen Stamm. Der Rumpf wurde aus einander überlappenden Planken gebaut. Dank des geringen Tiefgangs konnten sie mit diesen Schiffen sowohl flache Küstengewässer als auch Flüsse befahren.

Im Ernst?!
Der Schiffsschnabel war oft mit einem geschnitzten Drachenkopf verziert – das Segel verkörperte das Flügelpaar, die Ruder die Beine des Drachen.

ZU NEUEN UFERN

ZWAR WAREN die Wikinger als Räuber und Eroberer verschrien, doch bei den meisten ihrer Reisen handelte es sich um bloße Entdeckungsfahrten. Stets waren sie auf der Suche nach neuen Siedlungsgebieten und Handelspartnern. Die Wikinger erreichten als erste Europäer Island und Grönland. Leif Eriksson kam um das Jahr 1000 sogar bis nach Nordamerika.

Träume von Amerika
Grönländische Wikinger machten sich in der Folgezeit auf den Weg nach Amerika, um dort Siedlungen zu gründen. Daraus wurde aber nichts: Die Ureinwohner des Landes verjagten sie.

Im Ernst?!
Niemand weiß genau, wann und wo Leif Eriksson in Amerika landete. Doch die Anwesenheit von Wikingern ist verbürgt, denn an der kanadischen Küste fand man Überreste einer typischen Siedlung.

LEBEN AUF HOHER SEE

Bei ihren Entdeckungs- und Handelsreisen verwendeten die Wikinger einen breiteren, langsameren Bootstyp mit mehr Stauraum. Nahrungsmittel und anderes verpackten die Wikinger in Holztruhen, Tiere und Handelswaren wurden mittschiffs verstaut. Kajüten gab es keine – die Wikinger waren immer an Deck.

Glaubst du das?

Leif Eriksson taufte Amerika „Vinland", Weinland.

STIMMT. Allerdings wurde der Wein nicht aus Trauben gekeltert, sondern aus Heidelbeeren.

EINE BASISDEMOKRATIE

DIE WIKINGER bildeten keine einheitliche Nation, über die ein König herrschte, sondern einen Verbund kleiner, unabhängiger Gemeinschaften unter der Führung eines Häuptlings. Von Zeit zu Zeit versammelte sich jede dieser Gemeinschaften zu einem so genannten Thing, einer Art Parlament, das debattierte, Streitereien schlichtete und über Straftäter zu Gericht saß.

IM ERNST?!
Die Wikinger-Gesellschaft war in drei Klassen unterteilt: Jarls (Häuptlinge und Edelleute), Karls (die Freien), und Thralls (Sklaven). Nur Jarls und Karls durften am Thing teilnehmen.

Ein Riesen„thing“

Die isländischen Wikinger hielten einmal jährlich an einem Ort namens Thingsvellir ein landesweites Thing ab, das so genannte Althing.

FRAUENRECHTE

Im Gegensatz zu fast allen anderen Kulturen jener Zeit durften Wikingerfrauen sowohl Land als auch Besitz ihr Eigen nennen und auch nach einer Heirat allein darüber verfügen. Waren die Männer auf großer Fahrt, kümmerten sich die Frauen um Heim und Hof.

Glaubst du das?

Mörder mussten den Familien ihrer Opfer ein Bußgeld zahlen.

STIMMT. Das nannte man Wergeld.

GÖTTER UND GÖTTINEN

DIE WIKINGER glaubten, dass ihre Götter, genau wie sie selbst, in einer Gemeinschaft lebten. Der Häuptling der Wikingergötter war Odin, der Gott des Krieges, der Weisheit und der Dichtung. Seine Gattin Frigg war die Göttin des Heimes, sein Sohn Thor der Gott des Donners. Freyr war der Gott des Ackerbaus, und seine Schwester Freyja die Göttin der Liebe, der Schlacht und des Todes.

Glaubst du das?
Thor war der Lieblingsgott der Wikinger.
STIMMT. Sein Symbol war der Hammer, der vielen als Glücksbringer galt.

Himmlische Reiter

Die Wikinger glaubten, dass viele Götter den Himmel beritten oder dort mit ihren Streitwagen herumfuhren. Odins Ross Sleipnir hatte übrigens acht Beine!

DER EINE GOTT

Um 1000 traten die Wikinger zum Christentum über: Sie ersetzten ihre heidnische Götterwelt durch den Gott des Christentums. Die Wikinger bauten prächtige Stabholzkirchen, die man in Skandinavien heute noch sehen kann.

Im Ernst?!

Die Wikinger glaubten an Riesen und Trolle. Trolle waren bekannt als geschickte Gold- und Silberschmiede – sie waren aber auch berüchtigt für ihre Gier nach Macht und schönen Frauen!

WIKINGERMODE

DIE KLEIDUNG der Wikinger veränderte sich kaum während der drei Jahrhunderte ihrer Epoche. Die Wikingerfrauen trugen knöchellange Kleider mit einer Art Schürze darüber, außerdem ein Kopftuch, sobald sie das Haus verließen. Die Männer trugen eine Hose, ein Unterhemd und darüber ein längeres Hemd mit einem Gürtel. Im Winter trug man zum Schutz vor Kälte noch Umhänge.

Im Ernst?!
Wikingerfrauen sponnen und webten das Tuch für die Kleidung ihrer Familie selbst. Zum Weben verwendeten sie einen primitiven Webstuhl, den sie an die Hauswand lehnten.

Wikingerschmuck

Schmuckstücke dienten der Zierde, waren aber oft genug auch Gebrauchsgegenstände: So befestigten etwa die Frauen ihre Schürzenträger mit zwei ovalen Broschen, zwischen die sie eine passende Perlenkette legten.

WIKINGERHAARTRACHT

Die Wikinger liebten lange Haare. Die Männer trugen ihre Haare meist schulterlang, die Frauen noch länger. Zudem trugen die Männer lange Bärte, die sie gerne zu Zöpfen flochten. Frauen trugen ihr Haar immer in einem Zopf oder Knoten – verheiratete Frauen trugen meist ein Kopftuch.

Glaubst du das?

Die Wikinger hatten Bügelbretter.

STIMMT. Um Kleidung zu glätten, wurde sie auf ein flaches Brett gespannt und mit einer Glaskugel „gebügelt“.

BAUERNLEBEN

EGAL, OB IM HEIMISCHEN Skandinavien oder in neu besiedelten Gebieten: Die Wikinger waren Bauern und lebten vor allem von den Erträgen ihres Landes. Sie bauten Gerste, Hafer, Roggen, Weizen sowie Gemüse und Früchte an. Außerdem hielten sie Tiere: Hühner, Gänse, Kühe, Ziegen, Schweine, Schafe und Pferde. Die Familie bewirtschaftete ihren Hof selbst; die Reichen hatten Sklaven für die Drecksarbeit.

Im Ernst?!
Manche Wikinger deckten ihre Häuser mit Grassoden, andere mit Riedgras und wieder andere mit Holzziegeln. Die Wände waren aus Stein oder Holz. Man verwertete das Material, das gerade zur Hand war.

FISCHEREI TUT NOT

Da Nordskandinavien nicht ideal für den Ackerbau war, jagten die Wikinger Wale, Robben und Walrosse. Aus den Walknochen schnitzten sie Haushaltsgegenstände, während der Tran als Lampenöl verwendet wurde.

Trautes Heim, Glück allein

Die Wikinger lebten mit ihren Familien in so genannten Langhäusern. Größere Gehöfte hatten auch Stallungen und Scheunen sowie eine Schmiede, um Werkzeuge und Waffen herzustellen und zu reparieren.

Glaubst du das?

Einige Wikinger jagten auch Rentiere.

STIMMT. Die westgrönländischen Wikinger deckten den Großteil ihres Fleischbedarfs mit der Jagd auf ihre einheimische Rentierart, die Karibus.

IN EINEM LANGHAUS

LANGHÄUSER waren innen ziemlich verraucht, da es keinen Kamin gab, sondern nur ein Loch im Dach über der Feuerstelle. Außerdem gab es keine Fenster, weshalb es immer muffig und düster war. Lichtquellen waren das Feuer, Kerzen und Öllampen. Die Feuerstelle diente zum Kochen und Heizen – im Winter war sie der einzig gemütliche Platz.

Unter einem Dach
Das Langhaus hatte nur einen einzigen Raum, in dem die ganze Familie lebte, aß und schlief. Die Holzbetten dienten tagsüber als Sitzgelegenheiten.

Im Ernst?!
Außer Fisch und Fleisch aßen die Wikinger auch Haferbrei, Brot, Eier, Käse und Gemüse, vor allem Kohl, Erbsen und Zwiebeln. Obendrein waren sie große Biertrinker. Die Reichen tranken auch gerne Wein aus Frankreich und Italien.

KOCHGEWOHNHEITEN

Eintöpfe kochte man in einem Kessel, der über der Feuerstelle hing. Fleisch und Fisch wurden entweder geröstet oder am Spieß gegrillt. Auch das Brot wurde auf einem flachen Eisenteller über dem Feuer gebacken, da es keinen Ofen gab.

Glaubst du das?
Wikinger aßen von Tellern und aus Näpfen.
STIMMT. Ihr geliebtes Bier tranken sie aus ausgehöhlten Rinderhörnern.

HANDEL UND WANDEL

ES GAB NUR wenige Städte im Gebiet der Wikinger. Große Handelsplätze waren Birka in Schweden, Haithabu im heutigen Schleswig-Holstein sowie Dublin in Irland und York in England. Kaufleute kamen von weit her, um hier von den Wikingern Bernsteinketten, Pelze und Walrosszähne zu erwerben. Im Gegenzug waren Wikingerhändler ganz versessen auf Seide, Silber, Gewürze und anderen exotischen Luxus.

Glaubst du das?
Die Wikinger bezahlten mit Münzen.
STIMMT. Im 10. Jahrhundert wurde das Münzgeld eingeführt. Vorher wurden Waren getauscht oder mit Silberstücken bezahlt.

STADTVERTEIDIGUNG

Die größte Wikingersiedlung war Haithabu, an einem Meeresarm der Ostsee. Ein Palisadenwall schützte Stadt und Hafen vor Feinden. Handelszentren wie Haithabu waren meist auch Stätten des (Kunst-)Handwerks.

Im Ernst?!

Die wohlhabendsten Kaufleute waren die Sklavenhändler. Versklavt wurden Kriegsgefangene, aber auch osteuropäische Bauern, die die Wikinger auf regelrechten Menschenraubzügen erbeuteten.

Fernhandel

Schwedische Wikinger bewältigten erstaunlich weite Handelsreisen: Sie befuhren die großen russischen Flüsse und gelangten sogar bis nach Konstantinopel (heute Istanbul).

AUF DEM LANDWEG

DAS GEBIRGIGE Skandinavien ist schwer zu durchqueren. Die Wikinger gründeten ihre Siedlungen zumeist im Flachland, wo der Boden fruchtbar war. Außerdem siedelten sie an Seen, entlang der Küste oder an den weit ins Landesinnere reichenden, Fjorde genannten Meeresarmen. Im Sommer reisten sie meist per Schiff. In den langen kalten Wintermonaten war das Reisen schwierig, weil Land und Wasserwege oft unpassierbar waren.

Winterwege
Viele Seen und Flüsse froren im Winter zu – dann schnallten sich die Wikinger Skier un Schlittschuhe unte oder nutzten Holz-schlitten, die von Pferden oder Och-sen gezogen wurde

Im Ernst?!
Skier wurden in Skandinavien erfunden. Es gibt eine etwa 10 000 Jahre alte Höhlenmalerei, die einen Menschen auf zwei langen, an der Spitze gebogenen Brettern zeigt.

PFERDENARREN

Die Wikinger liebten Pferde und setzten sie als Reit- und Lasttiere ein. Bei gutem Wetter spannten sie ihre Pferde – oder auch Ochsen – vor einen Wagen. Diese Wagen hatten halbrunde Böden und sahen wie halbierte Tonnen aus.

Glaubst du das?

Die Wikinger hatten Schlittschuhe aus Metall.

STIMMT NICHT. Sie waren aus geschliffenen Tierknochen, die sie sich unter die Schuhe schnallten.

SAGA-HAFTE ERZÄHLUNGEN

IM STRENGEN skandinavischen Winter versammelten sich die Wikinger am Feuer, um Geschichten und Gedichten zu lauschen. Sie liebten Erzählungen, die von den Heldentaten ihrer ruhmreichen Ahnen handelten. Diese Epen, Sagas genannt, wurden bis ins 13. Jahrhundert mündlich überliefert, aufgeschrieben wurden sie erst später.

Beruf: Erzähler
Die Edelleute und Häuptlinge hielten sich oft einen Hofdichter, den skald. *Der* skald *verfasste Gedichte und Sagas, die oft auf wahren Begebenheiten beruhten.*

Im Ernst?!
Sagas erzählten wahre Geschichten. Eine Saga erzählt die Lebensgeschichte von Leif Erikssons Bruder Thorvald, der eine Entdeckungsreise nach Vinland (Amerika) leitete, wo er von den Einheimischen getötet wurde.

Glaubst du das?
Wikingerkinder lernten die Runenschrift in der Schule.
STIMMT NICHT. Die Wikinger kannten keine Schule. Die Kinder blieben zu Hause und mussten arbeiten.

DIE RUNEN
Sagas wurden mündlich weitergegeben, weil die Wikinger fast alle nicht lesen und schreiben konnten. Eine Runenschrift namens Futhark besaßen sie dennoch. „Geschrieben“ wurde auf Holz, Knochen oder Stein.

WILDES VERGNÜGEN

IHRE FREIE ZEIT verbrachten die Wikinger natürlich nicht nur mit aufmerksamem Zuhören. Die Männer zeigten beim Ringen, Schwimmen und bei Ruderrennen gerne, was sie für harte, zähe Burschen waren. Ein weiterer beliebter Zeitvertreib waren Pferdekämpfe zwischen eigens dafür gezüchteten Hengsten, bei denen hoch gewettet wurde.

Wikingerfitness
Der sportliche Wettstreit war für die Wikingermänner mehr als bloße Angeberei: Mit diesen Spielen hielten sie sich in Form für die nächsten Beutefahrten oder Schlachten.

Glaubst du das?
Brettspiele waren ein ruhiger Zeitvertreib.
STIMMT NICHT. Oft genug endeten sie in brutalen Schlägereien zwischen den aufgebrachten Spielern.

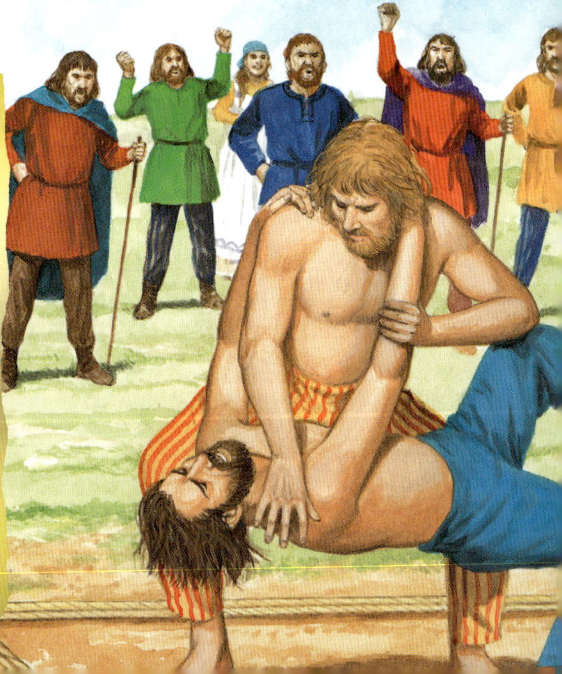

KRIEGSSPIELE

Eines der beliebtesten Brettspiele hieß *hnefatafl*, eine Art Schach. Jeder Spieler verfügte über eine Armee: Rot hatte zwölf Krieger und einen König, Weiß 24 Krieger, aber keinen König. Ziel des Spiels war es, dass Weiß den roten König fängt.

Im Ernst?!

Die Jungs verbrachten ihre Freizeit damit, fechten zu lernen – mit Holzschwertern, damit sie sich nicht allzu schlimm verletzten. Die Kinder hatten außerdem Puppen sowie ihren Spaß an einem Schlagholzspiel namens *knatteleik*.

AUF LETZTER FAHRT

WIKINGER wurden in ihren besten Kleidern, kostbarsten Besitztümern sowie mit reichlich Proviant bestattet. Man glaubte, dass das Leben im Jenseits genauso ist wie auf der Erde. Eine Frau wurde mit ihrem Spinnrad bestattet, einem Händler legte man Gewichte ins Grab und ein Krieger ging nicht ohne sein Schwert auf die letzte Reise.

Begrabene Schätze
1903 entdeckte man in Norwegen ein riesiges Wikingergrab: Die sterblichen Überreste einer Häuptlingsfrau und ihrer Zofen lagen auf einem Schiff, das man mit einem schönen Wagen, Schlitten, Möbeln, Wandteppichen sowie Kochtöpfen beladen hatte.

Glaubst du das?
Manchmal wurden die Tiere mit ihren Besitzern begraben.
STIMMT. Ein Wikingerhäuptling wurde mit sechs Hunden, zwölf Pferden und sogar einem Pfau bestattet.

Im Ernst?!
Jeder Krieger wollte den Heldentod sterben. Die Wikinger glaubten, dass sie dann nach Walhalla, ins Haus Odins kämen, wo die Tage mit Kämpfen und die Nächte mit Feiern verbracht wurden.

EIN KÖNIGLICHER ABSCHIED
Am prächtigsten waren die Begräbnisse von Adligen und Häuptlingen. Einige von ihnen bestattete man in Langschiffen, auf denen sie ins Jenseits segeln sollten. Manchmal zündete man die Totenschiffe an.

REGISTER